글 안미연

연세대학교에서 심리학을 공부했습니다. 지금은 어린이책을 기획하며 글을 쓰고 있습니다.
쓴 책으로는 〈서울로 보는 조선〉, 〈게임 없이 못 살아〉, 〈집 바꾸기 게임〉, 〈또박또박 반갑게 인사해요〉,
〈화내지 말고 예쁘게 말해요〉, 〈동갑인데 세배를 왜 해?〉 들이 있습니다.

그림 정경아

10년 동안 애니메이션 작업을 했습니다. 지금은 어린이책에 그림을 그리고 있습니다.
그린 책으로는 〈줄임말 대소동〉, 〈오공이 학교에 가다〉, 〈그 집에서 생긴 일〉,
〈꿈을 향해 크는 나무〉 들이 있습니다.

감수 김창겸

성균관대학교 대학원에서 한국고대사를 전공하여 문학박사 학위를 받았습니다.
지금은 한국학중앙연구원 수석연구원, 신라사학회 회장, 문화재청 문화재 전문위원입니다.
〈한국민족문화대백과사전〉을 편찬했습니다. 연구 저서로는 〈신라 하대 왕위 계승 연구〉,
〈신라 속의 사랑 사랑 속의 신라〉, 〈한국사 연표〉 들이 있습니다.

경주로 보는 신라

초판 1쇄 발행 | 2015년 5월 5일
초판 5쇄 발행 | 2024년 6월 10일

글쓴이 | 안미연
그린이 | 정경아
감수자 | 김창겸
펴낸이 | 조미현

책임편집 | 황정원
디자인 | 김수현

펴낸곳 | (주)현암사
등록 | 1951년 12월 24일 · 제10-126호
주소 | 04029 서울시 마포구 동교로12안길 35
전화 | 02-365-5051 · **팩스** | 02-313-2729
전자우편 | child@hyeonamsa.com
홈페이지 | www.hyeonamsa.com
블로그 | blog.naver.com/hyeonamsa
인스타그램 | www.instagram.com/hyeonam_junior

ⓒ 안미연, 정경아 2015

ISBN 978-89-323-7392-8 73900

* 이 책은 저작권법에 따라 보호를 받는 저작물이므로 저작권자와 출판사의 허락 없이
  이 책의 내용을 복제하거나 다른 용도로 쓸 수 없습니다.
* 책값은 뒤표지에 있습니다. 잘못된 책은 바꾸어 드립니다.
* 현암주니어는 (주)현암사의 아동 브랜드입니다.

	제품명 도서	전화 02-365-5051
	제조년월 2024년 6월	제조국명 대한민국
	제조자명 (주)현암사	사용연령 8세 이상
	주소 서울시 마포구 동교로12안길 35	

주의 : 책 모서리에 부딪히거나 종이에 베이지 않도록 주의해 주세요.
*KC 마크는 이 제품이 공동안전기준에 적합하였음을 의미합니다.

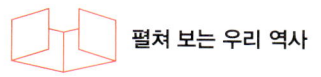
펼쳐 보는 우리 역사

경주로 보는 신라

글 안미연 | 그림 정경아 | 감수 김창겸

현암
주니어

화려한 천년의 도읍지 서라벌

지금부터 약 이천 년 전, 신라는 형산강을 끼고 넓고 풍요로운 경주평야에 도읍지를 잡았어요. 지금의 경주, 서라벌이지요. 신라는 박혁거세를 시작으로 경순왕까지 56명의 왕들이 다스리는 약 천 년 동안 단 한 번도 도읍지를 옮기지 않았어요. 서라벌은 동서남북으로 이어지는 반듯한 길로 마차가 다니고 화려한 기와집들이 즐비한 큰 도시였어요.

바둑판처럼 반듯한 도시, 서라벌

경주의 옛 이름은 서라벌이에요. 서라벌에는 바둑판처럼 곧게 뻗은 큰길을 중심으로 집들이 늘어서 있었어요. 〈삼국유사〉에 보면 신라가 가장 발전했을 때 서라벌에 집이 약 17만 8천 호가 있었다고 해요. 엄청나게 많은 사람들이 살았지요. 49대 헌강왕이 월상루라는 높은 누각에 올라 서라벌을 둘러보니, 기와로 지붕을 덮은 집들이 총총하고, 밥을 지을 때 숯을 연료로 써서 연기가 나지 않았다고 해요. 이것을 보면 서라벌은 아주 잘 사는 도시였을 거예요.

금을 입힌 집들이 줄을 잇는 서라벌

〈삼국유사〉에 보면 서라벌에 금입택이 서른다섯 채가 있었다고 해요. 금입택이란 금을 입힌 집, 금이 들어가는 집이란 뜻이에요. 금입택에는 최고 귀족들이 살았어요. 창고, 마구간, 우물, 주방 등이 있고 귀족들은 비단옷을 입고 쌀밥을 먹으며 금은으로 치장했다고 해요.

사라진 신라의 궁궐, 월성

신라의 왕궁은 월성에 있었다고 짐작해요. 하늘에서 내려다보면 마치 반달을 닮았다고 '월성' 혹은 '반월성'이라고 해요. 왕이 있던 곳이라서 '왕성'이라고도 불러요. 월성 건너편으로는 태자가 살아서 동궁이라고 불린 임해전이 있어요. 임해전에서는 나라에 좋은 일이 있거나 귀한 손님이 오면 연회를 열었어요. 임해전의 연못인 월지에는 아름다운 동산을 만들고 화초를 심고 신기한 새와 짐승을 길렀다는 기록이 있어요.

월지에서 나온 벌칙 주사위, 주령구

주령구는 왕족과 귀족의 놀이 기구예요. 주령구는 14면체인데 각 면에는 '술 석 잔 한 번에 마시기', '여러 사람 코 때리기', '얼굴을 간질여도 꼼짝 않기', '노래 없이 춤추기'처럼 짓궂은 벌칙들이 쓰여 있어요. 주령구만 보아도 신라 귀족들이 얼마나 여유롭고 흥겹게 놀이를 즐겼는지 알 수 있어요.

신라 시대 타임캡슐, 경주

경주 역사 유적 지구는 유네스코가 지정한 세계 유산이에요. 우리나라뿐 아니라 전 세계가 잘 지켜야 할 가치 있는 중요 유산이라는 뜻이에요. 신라의 왕궁이 있던 월성과 월지를 비롯하여 한 발만 걸어도 만날 수 있는 거대한 고분들, 불교 국가 신라를 보여 주는 황룡사지, 야외 박물관 같은 남산, 천년 경주를 지켜 온 산성까지 경주는 그야말로 신라 시대를 고스란히 담은 타임캡슐이에요.

신분 제도, 골품제가 다스리는 나라

신라는 진한의 작은 나라들 가운데 하나인 사로국에서 출발했어요. 그 뒤로 왕의 세력이 커지면서 제도를 정비해 나갔어요. 골품제라는 신분 제도에 따라서 중앙의 관리를 정하고 서서히 지방에도 관리를 보냈어요.

나랏일을 정하는 화백 회의

왕을 정하는 일이나 전쟁을 일으키는 일처럼 나라의 중요한 일을 정할 때 귀족들이 모여서 회의를 했어요. 이것이 화백 회의예요. 화백 회의는 모인 사람 모두 찬성을 해야지, 단 한 사람이라도 반대를 하면 결정하지 않았어요. 왕의 힘이 점차 강해지면서 화백 회의는 힘이 약해졌어요.

관등		골품				복색
등급	관등명	진골	6두품	5두품	4두품	
1	이벌찬					자색
2	이찬					
3	잡찬					
4	파진찬					
5	대아찬					
6	아찬					비색
7	일길찬					
8	사찬					
9	급벌찬					
10	대나마					청색
11	나마					
12	대사					황색
13	사지					
14	길사					
15	대오					
16	소오					
17	조위					

신분에 따라서 정해지는 벼슬의 높낮이

신라에서는 부모의 혈통에 따라 신분의 높낮이가 정해졌어요. 최고 신분인 성골, 그다음 신분 진골, 그 뒤로 6단계의 신분으로 나누어졌어요. 벼슬은 17단계가 있었는데 신분에 따라 오를 수 있는 벼슬의 높이도 정해졌어요. 예를 들면 진골은 17단계의 벼슬을 모두 할 수 있지만, 6두품은 6번째 '아찬' 자리까지만 오를 수 있었어요. 3·2·1두품은 거의 비슷한 신분으로 평민이었어요.

나라 구석구석을 관리하는 9주 5소경

처음에는 도읍지인 서라벌을 6부로 나누어 다스렸어요. 삼국 통일 뒤에는 넓어진 영토를 더 잘 다스리기 위해서 전국을 아홉 개의 주(9주)로 나누고 그 아래 군, 현을 두고 관리를 보냈어요. 또한 중요한 곳에 다섯 개의 중심 도시(5소경)를 두고 신라의 귀족과 옛 고구려, 옛 백제, 옛 가야의 귀족들을 옮겨 살게 했어요.

삼국의 역사를 기록한 <삼국유사>와 <삼국사기>

고구려, 신라, 백제의 역사는 남아 있는 기록이 거의 없어요. 이때의 기록은 <삼국유사>나 <삼국사기>를 바탕으로 하지요. <삼국유사>는 고려 때 승려 일연이 단군 신화부터 삼국의 역사는 물론이고 신화와 설화 들까지 담았어요. <삼국사기>는 고려 인종 때 김부식 등 학자들이 왕의 명을 받아 고구려, 신라, 백제의 역사를 담은 정통 역사책이에요. 왕과 신하 들의 전기를 중심으로 기록했어요.

신비로운 이야기를 지닌 신라 왕의 조상들

신라의 왕은 박 씨, 석 씨, 김 씨가 교대로 왕의 자리에 올랐어요. 56명의 왕 가운데 김 씨가 38명, 박 씨가 10명, 석 씨가 8명 있었어요. 이들의 첫 번째 조상은 모두 신비롭게 탄생했다는 이야기가 전해져요. 왕은 하늘에서 내린 사람이라고 강조하기 위해서였지요.

세상을 밝게 비추는 박혁거세의 탄생

박혁거세는 신라를 세운 첫 번째 왕이에요. 신라의 옛 땅을 여섯 우두머리들이 다스리던 시절, 우두머리들이 왕을 받들고자 모였어요. 그때 나정이라는 우물가에 이상한 기운이 보였어요. 하얀 말이 엎드려 절하고 있었지요. 우두머리들이 찾아가니 말이 길게 울고 하늘로 날아가고, 자줏빛 알이 남았어요. 그 속에서 사내아이가 나왔어요. 이 아이를 동천 샘에 목욕을 시키자 온몸에서 빛이 났어요. 이때 새와 짐승이 춤을 추고 하늘과 땅이 흔들리고 달이 맑아졌다고 해요. 아이의 이름은 세상을 밝게 비춘다는 뜻으로 '혁거세'라고 짓고, 박처럼 둥근 알에서 나왔다고 해서 성은 '박' 씨로 했어요.

박혁거세와 같은 날 태어난 아내, 알영

박혁거세가 신비하게 태어난 날, 알영이라는 우물가에서 여자아이도 태어났어요. 우물에서 계룡이 나타나 왼쪽 겨드랑이에서 딸아이를 낳았지요. 아이는 빼어나게 아름다웠고 입술이 마치 닭 부리 같았어요. 아이를 북천에서 목욕을 시키자 부리가 떨어졌어요. 아이가 태어난 우물 이름을 따서 '알영'이라고 하고 열세 살이 되었을 때 박혁거세와 결혼을 시켰어요. 두 사람은 신라의 첫 번째 왕과 왕비가 되었지요.

하늘에 올랐다가 다시 내려온 박혁거세

〈삼국유사〉에 보면 박혁거세가 61년 동안 나라를 다스리다 하늘에 올랐는데, 7일 만에 몸이 다섯 개로 나뉘어 땅에 떨어졌다고 해요. 사람들이 몸을 모아서 장사를 지내려고 하자, 큰 뱀이 나타나 방해하여 따로따로 장사를 지냈어요. 이것을 '오릉(혹은 '뱀 사(蛇)' 자를 써서 사릉)'이라고 했어요. 그러나 〈삼국사기〉에는 오릉이 1대 왕 박혁거세와 2, 3, 5대 왕, 그리고 알영의 무덤이라고 기록되어 있어요.

건물들 사이로 솟은 커다란 무덤 동산

경주에는 건물들 사이 곳곳에 거대한 무덤들이 있어요. 약 이천 년 전에 살았던 신라의 왕과 귀족 들이 잠든 무덤이에요. 다른 시대의 무덤과 비교하면 무척 커요. 경주 사람들은 죽은 사람이 잠든 곳이지만 고분을 마치 공원처럼 친근하게 여겨요. 도시 한복판에 이렇게 크고 많은 무덤이 있는 곳은 세계에서도 드물어요.

무덤에서 군사를 보낸 미추왕

미추왕은 백성을 몹시 사랑하여 나라 곳곳으로 신하를 보내 백성들의 생활을 살폈다고 해요. 미추왕이 죽고 갑자기 이웃 이서국 사람들이 쳐들어왔을 때였어요. 귀에 대나무 잎을 꽂은 군사들이 어디선가 나타나 순식간에 외적을 물리치고 감쪽같이 사라졌어요. 모두 신기하게 여겼는데 미추왕릉 앞에 대나무 잎이 수북이 쌓여 있었지요. 신라 사람들은 나라를 걱정한 미추왕이 보낸 군사들이라고 생각해 미추왕을 더욱 존경하게 되었어요.

하늘을 나는 말이 있던 천마총

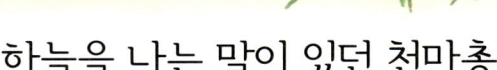

천마총은 하늘을 나는 말이란 뜻인 '천마'의 그림이 나와서 '천마총'이라고 불러요. 천마도는 지금까지 남아 있는 몇 안 되는 신라의 그림이에요. 천마총에서는 이뿐만 아니라 금관을 비롯해 장신구, 무기, 그릇 등 수없이 많은 유물들이 쏟아져 나왔어요. 천마총도 많은 고분들처럼 신라 때의 독특한 구조인 돌무지덧널무덤이에요.

말다래에 그려진 천마

천마총에서 나온 천마도는 말다래에 그려진 그림이라고 짐작해요. 말다래는 말을 탈 때 흙이 튀지 않게 가리는 가리개예요. 자작나무 껍데기를 여러 겹으로 겹쳐서 누비고 그 위에 고운 자작나무 껍질을 덮었어요. 여기에 그려진 천마는 뿔이 달렸고 입으로는 좋은 기운을 내뿜으며 갈기와 꼬리털을 세우고 힘차게 날아오르고 있어요.

신라의 특별한 무덤, 돌무지덧널무덤

서라벌에 있는 고분들은 대부분 평평한 곳에 우뚝 솟은 동산 모양이에요. 신라만의 특별한 방법으로 만든 무덤이에요. 이 무덤을 '돌무지덧널무덤'이라고 하고 한자로 '적석 목곽분'이라고도 해요.

1 관과 껴묻거리 자리를 두어요
관이 들어갈 자리를 나무로 만들어요. 죽은 사람에게 좋은 옷을 입히고 장신구로 치장해 넣어요. 무덤 주인이 살아서 쓰던 물건을 머리맡의 껴묻거리 상자에 넣어요.

2 딸린 덧널을 마련해요
옛날 사람들은 죽어서도 살았을 때와 똑같이 생활한다고 믿었어요. 그래서 발밑에 있는 딸린 덧널에 부와 권력을 나타내는 물건들을 함께 넣었어요.

3 덧널을 세워요
관 자리 밖에 나무로 방처럼 천장과 벽을 만들어요. 이것을 '덧널'이라고 해요. '돌무지덧널무덤'의 '덧널'이 바로 이것을 말해요.

죽어서도 서라벌을 지키는 왕들

신라의 왕들은 백성이 사는 곳 가까이에 자신과 귀족의 무덤을 만들었어요.
왕들은 죽어서도 백성을 지켜 주는 수호신이 될 거라고 여겼기 때문이에요.
특히 왕과 왕비, 귀족의 무덤이 모여 있는 곳을 대릉원이라고 해요.
〈삼국사기〉에 '미추왕을 대릉에 장사 지냈다.'는 기록에서 따와서 이름 지었어요.
신라만의 특별한 방법으로 만든 무덤은 밖에서 보아도 아주 조화롭고 아름다워요.

궤에서 나온 김 씨의 조상, 김알지

어느 날 밤, 왕궁 서쪽 시림 숲에서 닭이 우는 소리가 들렸어요. 신기하게 여긴 왕이 신하를 보냈어요. 숲 속 한 나뭇가지에 빛을 내는 작은 상자가 있고 그 아래 흰 닭이 울고 있었어요. 금빛 상자에는 총명하게 생긴 사내아이가 있었어요. 아이에게 금빛 상자에서 나왔다고 해서 성을 '김'이라고 하고, 이름은 '알지'라고 지어 주었어요. 김알지는 왕이 되지 않았지만 7대 자손 미추가 왕의 자리에 올랐고 그 뒤로 김알지의 후손 38명이 왕이 되었어요.

상자 속 알에서 나온 석 씨의 조상, 석탈해

신라 동쪽 먼 바다에 사는 한 할머니가 어느 날 바다에서 우짖는 까치 떼를 보았어요. 거기에 배 한 척이 있고 배 안에는 큰 상자가 있었어요. 상자 안에는 단정하게 생긴 사내아이가 있었어요. 이 아이의 성은 까치가 데리고 왔다고 해서 '까치 작(鵲)' 자를 줄여 '석(昔)', 이름은 상자를 열고 나왔다는 뜻으로 '탈해'라고 했어요.

이가 많은 유리왕에 이어 왕이 된 석탈해

석탈해는 자라서 남해왕의 사위가 되었어요. 왕이 죽으면서 아들 유리와 사위 석탈해 가운데 나이가 많은 사람을 다음 왕으로 삼으라고 했지요. 그때는 이가 많은 사람이 나이가 더 많고 지혜롭다고 여겼어요. 둘이 떡을 깨물어 보니 유리가 잇자국이 더 많아 왕이 되었어요. 이때부터 '잇자국'이라는 뜻으로 왕을 '이사금'이라고 불렀어요. 이 말이 변해서 '임금'이라는 말이 되었다고 해요. 유리왕이 죽으면서 왕의 자리를 석탈해에게 물려주니 석탈해는 결국 왕이 되었지요.

황금의 나라, 신라를 이끈 뛰어난 왕들

박혁거세가 문을 연 신라에는 약 천 년 동안 많은 왕들이 있었어요. 왕들은 찬란한 신라를 만들기 위해 노력했어요. 고구려, 백제, 신라 가운데 가장 약했던 신라가 삼국 통일을 이루고 황금의 나라를 만들 수 있었던 힘이었지요.

나라의 모습을 갖춘 내물왕

내물왕은 진한의 땅을 정복하여 영토를 낙동강까지 넓혔어요. 또한 바다 쪽에서 신라를 넘보던 왜를 물리쳤어요. 영토가 넓어지면서 왕의 힘이 세졌어요. 새로 정복한 땅의 지배자들은 경주로 오게 하여 신하로 만들었어요. 바로 중앙 집권 국가를 만든 거예요. 나라를 굳건히 한 내물왕은 왕을 부르는 이름도 우두머리라는 뜻의 '마립간'을 쓰기 시작했어요.

'신라'라고 이름 지은 지증왕

지증왕은 신라를 더욱 발전시켰어요. 나날이 새로워지는 나라에 맞게 나라 이름을 '신라'라고 정했어요. 최고 통치자를 부르는 호칭도 마립간에서 '왕'으로 바꾸었어요. 이것은 왕의 힘이 더욱 강해졌다는 뜻이기도 해요. 또한 지금의 울릉도인 우산국을 정복하여 신라의 영토로 만들었어요.

법을 정하고 불교를 널리 알린 법흥왕

법흥왕은 나라의 기틀을 더욱 다졌어요. 지금의 법과 비슷한 율령을 신라 전체에 널리 알렸어요. 나라를 더욱 강하게 만들려고 군사를 관리하는 병부를 만들었고 신분 제도인 골품제를 정비했어요. 또한 나라의 정신을 한곳으로 모으기 위해 불교를 나라의 종교로 정했어요.

왕과 왕비가 함께 잠든 황남 대총

두 개의 무덤이 이어진 무덤이 바로 황남 대총이에요. 경주 황남동에 있는 아주 큰 무덤이란 뜻으로 '황남 대총'이라고 이름을 붙였어요. 봉우리가 두 개라서 '쌍봉총'이라고도 불러요. 무덤의 주인이 어떤 왕과 왕비인지 알 수 없지만 부부가 함께 묻혔기 때문에 봉우리가 두 개라고 짐작해요.

칼을 찬 왕
왕의 무덤으로 여겨지는 남쪽 무덤에서 왕을 상징하는 고리자루칼이 나왔어요. 또한 신라의 발달한 금세공 기술로 화려하게 만든 금관, 덩이쇠를 비롯한 철기, 말안장과 무기 들도 있었어요.

허리띠를 찬 왕비
왕비의 무덤으로 보이는 북쪽 무덤에는 금관, 목걸이, 팔찌, 곱은옥 등 무기보다는 장신구가 많았어요. 특히 '부인대'라고 쓰인 허리띠 꾸미개가 있어서 왕비의 무덤이라고 생각해요.

대릉원 밖에 있는 무덤들

대릉원 너머에도 많은 무덤들이 있어요. 원래는 대릉원과 이어져 있었지만 길이 생기면서 나누어졌다고 해요. 이곳의 무덤들도 주인이 누구인지 확실하지 않아요. 그래서 나온 유물로 이름을 붙였어요. 처음으로 금관이 나온 고분은 '금관총', 금방울이 달린 작은 금관이 나와 '금령총', 화려한 금동 신발이 나와 '식리(장식용 신발이라는 뜻)총', 스웨덴의 황태자가 우리나라에 왔다가 발굴에 참여해서 스웨덴의 한자식 발음인 서전의 '서' 자와 봉황의 '봉' 자를 써서 '서봉총'이라고 했어요.

신라의 돌무지덧널무덤은 나무와 돌, 흙으로 두껍게 쌓았어요. 이런 방법 덕분에 쉽게 파헤칠 수 없어서 유물들이 도둑맞지 않고 고스란히 남을 수 있었어요.

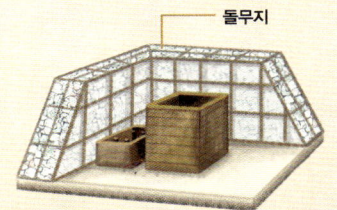

4 돌무지를 쌓아요
나무로 만든 덧널 위에 사람 머리만큼이나 큰 냇돌을 차곡차곡 쌓아서 채워요. 돌을 쌓았다고 해서 '돌무지'라고 해요.

5 흙을 덮어요
돌무지 위에 또 흙을 덮어요. 흙을 동산의 높이만큼 높이 쌓고 또 다져서 두껍게 쌓아 올려요.

6 잔디를 입혀요
거대한 크기로 쌓은 돌과 흙 위에 잔디를 입혀요. 초록 잔디가 자라 나오면 비로소 둥글고 아름다운 무덤이 완성돼요.

허허벌판에 주춧돌만 남은 황룡사

황룡사터는 국가가 지정한 사적 제6호예요. 이곳에서 유물도 아주 많이 발굴되었어요.
안타깝게도 지금은 건물이 남아 있지 않아 그냥 넓은 들판처럼 보일 뿐이에요.
황룡사터에는 바둑판처럼 질서 있게 큰 돌들이 박혀 있어요. 거대한 절이었던 황룡사의 주춧돌들이에요.
이 돌들만으로도 사라진 황룡사의 웅장함을 짐작할 수 있어요.

웅장하고 거대했던 절

황룡사는 약 2만 5천 평쯤이었을 거라고 해요. 건물들의 크기도 어마어마했다고 해요. 여기서 나온 치미가 무려 180센티미터가 넘어요. 치미란 지붕의 용마루 양 끝에 붙이던 장식품인데 치미의 크기가 이 정도이니 건물은 얼마나 크고 웅장했는지 짐작할 수 있지요. 황룡사는 나라에 큰일이 있을 때마다 왕들이 와서 수많은 스님들과 기도를 올린 절이었다고 해요.

신라의 3보 첫 번째, 장륙상

신라에는 3가지 보물(3보)이 있었어요. 진평왕이 하늘로부터 받았다는 허리띠와 황룡사 9층 목탑, 황룡사의 장륙상이라는 불상이에요. 보물 2가지가 황룡사에 있었지요. 전해지는 이야기는 서천축 왕이 불상을 만들려다 실패하자 금과 철을 배에 실어 "부디 인연이 있는 나라에 가서 장륙존의 모습을 이루기 바랍니다."라며 바다로 보냈다고 해요. 그 배가 신라에 닿았고, 신라 사람들이 단번에 불상을 만들어 황룡사에 두었는데, 그것이 바로 황룡사 장륙상이에요.

신라의 3보 두 번째, 9층 목탑

당나라로 유학을 간 자장 스님이 신비로운 사람을 만났어요. 그 사람이 "황룡사 호국용은 나의 맏아들로 황룡사를 보호한다. 신라에 돌아가면 거기에 9층 탑을 세우라. 그러면 이웃 나라가 항복하고 길이 태평할 것이다."라고 했어요. 이 말을 전해 들은 선덕 여왕이 기술이 뛰어난 백제에 도움을 청하자, 백제 장인 아비지가 와서 황룡사 9층 목탑을 세웠어요. 아마 20층 건물 높이 정도였다고 짐작해요.

사라진 절, 탑, 그림

솔거라는 화가가 황룡사 벽에 큰 소나무를 그렸어요. 얼마나 잘 그렸는지 새들이 그림인 줄 모르고 날아와 부딪혔다고 해요. 하지만 솔거의 그림도, 신라를 찾아온 장륙상도, 나라를 지키던 탑도 한순간에 사라져 버렸어요. 고려 때 몽골이 침입해 황룡사 전체에 불을 질러 모두 타 버렸어요. 황룡사가 얼마나 큰 절이었는지 모두 타는 데 일주일이나 걸렸다고 해요.

나라를 지키는 황룡이 자리 잡은 황룡사

진흥왕 때 새로운 궁궐을 지으려고 했어요. 궁궐을 지으려던 자리에서 황룡이 나타나자 신비롭게 여긴 왕은 이곳에 절을 짓기로 했어요. 오랜 시간 동안 공을 들여 절을 짓고, 나라를 지키는 황룡이 자리 잡았다고 해서 황룡사라고 했어요. 황룡사는 크기나 의미, 예술적 아름다움도 신라 제일의 절이었어요.

한강 유역을 차지하고 함흥까지 영토를 넓힌 진흥왕

강해진 신라는 영토를 넓혀 갔어요. 진흥왕이 한강 유역을 차지하여 중국으로 가는 길이 편리해지면서 더 많은 문물을 받아들일 수 있게 되었어요. 더 나아가 위로는 함흥에서 아래로는 낙동강 근처까지 신라 땅으로 만들었어요. 진흥왕은 자신이 넓힌 땅을 돌아보며 곳곳에 기념 비석을 세웠는데, 이것을 '진흥왕 순수비'라고 해요.

삼국 통일의 기초를 마련한 태종 무열왕

태종 무열왕보다 김춘추라는 이름이 더 알려졌지요. 태종 무열왕은 진골이에요. 최고 신분인 성골이 아니라 그다음 신분인 진골로는 처음 왕이 된 사람이에요. 그 뒤로는 태종 무열왕의 자손들이 거의 왕이 되었어요. 태종 무열왕은 나라 안을 더 튼튼히 하고 김유신 장군과 힘을 합쳐 백제를 멸망시키고 삼국 통일의 기초를 마련했어요.

삼국 통일을 이룩한 문무왕

태종 무열왕의 아들 문무왕은 태자 때부터 백제를 정복하는 데 공을 세웠어요. 왕이 돼서는 고구려를 정복했어요. 도움을 주었던 당나라가 처음 약속과 달리 신라마저 지배하려 하자 당나라 군대를 몰아내고 삼국 통일을 이룩했지요. 죽어서도 신라를 지키겠다고 자신의 무덤을 동해 바다에 만들라고 했어요. 이것이 '대왕암'이에요.

신라에만 있는 왕을 부르는 말

고구려나 백제는 일찍부터 중국과 오가면서 중국처럼 '왕'이라는 말을 썼어요. 그러나 신라는 오랫동안 최고 통치자를 부르는 말이 달랐어요. 처음에는 귀한 사람이라는 뜻의 '거서간', 다음에는 신의 뜻에 따라 백성을 다스린다는 뜻의 '차차웅'을 썼어요. 그 뒤에는 나이가 많은 사람이란 뜻의 '이사금'을 쓰다가 우두머리라는 '마립간'으로 바꾸었지요. 22대 지증왕 때에 비로소 '왕'이라는 말을 썼어요.

교과서 돋보기

신라의 귀족과 백성은 어떻게 살았을까?

신라 사람들은 태어날 때부터 정해진 신분에 따라서 살았어요. 신분의 높낮이에 따라서 하는 일부터 결혼할 수 있는 사람의 신분, 집의 크기, 심지어 옷의 색깔, 타고 다니는 수레와 장식품, 쓸 수 있는 그릇까지도 정해졌어요.

한평생 최고로 살아가는 왕족들

골제와 두품제가 합쳐진 골품제
왕족은 성골과 진골로 나누어요. 최고 높은 신분이 성골, 그다음 신분이 진골이에요. 이것을 골제라고 해요. 왕이나 최고 관직은 모두 성골이나 진골이 차지했어요.
두품제는 귀족과 백성의 신분을 여섯 단계로 나누었어요. 6두품은 관직을, 5·4두품은 나라의 잡다한 일을 했을 거라고 짐작해요. 3·2·1두품은 차이가 거의 없는 백성이에요. 골품제에도 속하지 않는 노비들도 있었어요.

살아서도 죽어서도 화려한 왕족과 귀족
왕족이나 귀족은 화려한 생활을 했어요. 황금의 나라 신라지만 금으로 만든 장신구, 그릇은 모두 성골만 썼어요. 진골조차도 은그릇을 써야 했지요. 귀족들은 창고가 딸린 넓은 기와집에서 살았어요. 기와에도 화려한 무늬가 들어간 호화로운 집이었지요. 쌀밥을 먹고 비단으로 만든 옷을 입었어요. 죽어서도 수많은 금 장신구들과 함께 큰 무덤에 묻혔어요.

결혼하기가 쉽지 않았던 왕족
신라 사람들은 결혼도 같은 신분끼리만 했어요. 성골은 성골끼리, 진골은 진골끼리 해야 했지요. 6두품 이하도 마찬가지였어요. 그러다 보니 최고 신분인 왕족들은 수가 적어서 결혼하기 힘들었어요. 진덕 여왕이 결혼을 하지 못한 이유가 왕실 안에 성골 신분인 남자를 구하지 못했기 때문이라는 말이 있을 정도였어요.

절과 절, 탑과 탑이 늘어선 불교 나라

〈삼국유사〉를 쓴 일연은 서라벌을 보고 "절과 절이 하늘의 별처럼 많고, 탑과 탑이 기러기 떼가 날아가는 듯하다."고 했어요. 그만큼 신라는 절과 탑이 많은 불교의 나라였어요.

나라를 지키고 왕실을 지키는 불교

신라 사람들은 신라 땅이 바로 부처가 사는 곳이라고 생각했어요. 그래서 하늘의 별처럼 절을 많이 짓고 황룡사처럼 거대한 절도 지었어요. 신라 사람들, 특히 왕실의 사람들은 불교가 나라를 지켜 준다고 여겼어요. 불교로 백성들의 생각을 통일하고 왕의 힘을 더 강하게 만들었어요. 신라의 불교는 삼국 통일의 바탕이 되었고 신라의 문화로 꽃피우게 되었어요.

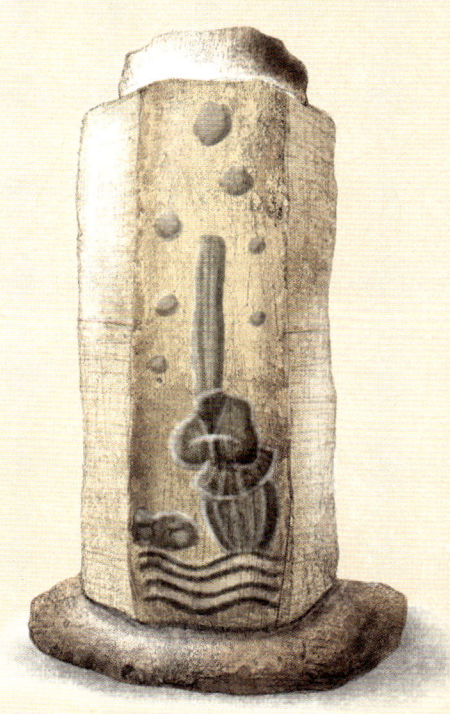

죽음으로 신라에 불교를 세운 이차돈

불교가 신라에서 처음부터 환영받지는 않았어요. 왕실에서는 불교를 나라의 종교로 삼고 싶었지만 귀족들의 반대가 심했어요. 이차돈이라는 승려는 불교를 반드시 알리고 싶었어요. 이차돈은 "부처님이 신령하다면 내가 죽은 뒤 반드시 기이한 일이 일어날 것이다." 하고 죽었어요. 이차돈의 목을 베자 머리는 멀리 날아가 금강산 꼭대기에 떨어졌고, 잘린 목에서는 흰 젖이 솟아올랐으며, 갑자기 캄캄해진 하늘에서는 꽃비가 떨어지고 땅이 크게 진동했어요. 이를 보고 왕과 신하들이 깨닫고 불교를 나라의 종교로 삼게 되었지요. 이 장면을 새긴 돌을 '이차돈 순교비'라고 해요.

새로운 문화의 전달자, 승려

신라에 불교가 크게 일어나자 자장, 원광, 원효, 의상 등 훌륭한 승려들도 많이 나왔어요. 승려들은 중국이나 인도까지 가서 불교를 공부했어요. 백성들의 정신적 지도자가 되었어요. 또한 중국과 인도의 발달한 문화를 신라에 들여오기도 했어요. 일본에 건너가 불교와 발전한 신라 문화를 전하기도 했지요.

오랜 시간 한자리를 지킨 천문 관측대, 첨성대

반월성에서 내려다보면 너른 벌판에 첨성대가 우뚝 솟아 있어요.
선덕 여왕 때 만들어졌다고 하는 첨성대는 국보 제31호예요. 높이는 9미터가 넘고,
위는 네모지고 아래는 둥근 모양이에요. 무려 1300년이 넘는 동안 그 자리에서 하늘을 받치고
수많은 역사를 바라보고 있지요.

농사짓는 때를 알고, 하늘의 뜻을 살피고

대부분 농사를 짓는 신라 사람들에게 하늘의 변화를 아는 일은 무척 중요했어요. 24절기나 날씨의 변화를 알아야 씨를 뿌리고 거두어들일 때를 정할 수 있었으니까요. 또한 왕을 하늘의 자손이라고 여겼던 신라 사람들에게 하늘의 변화가 바로 왕의 힘을 결정하는 중요한 열쇠이기도 했으니까요.

사다리를 타고 올라가 하늘을 보다

약 9미터 높이의 첨성대 중간에 남동쪽으로 가로세로 약 1미터 정도의 구멍이 있어요. 바로 첨성대로 들어가는 입구예요. 입구에 사다리를 걸쳤던 흔적도 남아 있어요. 여기로 들어가면 아래쪽은 흙과 돌로 차 있고 위쪽은 뚫려 있어요. 신라의 천문학자들은 안에서 다시 사다리를 걸치고 꼭대기까지 올라갔어요. 꼭대기에 있는 판판한 돌에 관측기구를 두고 별을 보았을 거라고 해요.

오랜 세월 끄떡없는 건축 기술

무척 단단한 화강암이라는 돌을 벽돌처럼 깎아서 쌓은 첨성대는 오랜 세월 흔들리지 않았어요. 또한 볼록하고 둥근 모양새와 아래쪽에 흙과 작은 돌을 섞어서 채운 구조 덕분에 비바람은 물론이고 지진에도 끄떡없었지요. 그뿐 아니라 첨성대가 서 있는 땅 아래에도 돌을 촘촘하게 깔아 더 튼튼해요. 첨성대는 신라 사람들의 뛰어난 건축 기술의 결과물이지요.

정확한 기록이 보여 주는 신라의 과학

〈삼국사기〉에는 일식, 월식, 혜성이 나타난 날, 날씨의 변화에 관한 기록이 많아요. 지금의 과학으로 살펴보아도 아주 정확하다고 해요. 신라 때의 과학이 얼마나 뛰어났는지를 보여 주는 증거이지요. 아마도 첨성대에서 관측한 것이 중요한 바탕이 되었을 거라고 짐작해요.

신라 천문 과학 기술의 본보기, 첨성대

신라의 천문학자는 첨성대에 올라 하늘을 살폈어요. 별의 움직임으로 때를 알고, 하늘의 움직임을 살펴 왕과 나라의 운이 좋을지 나쁠지를 알아냈어요.
어느 기록에는 첨성대를 '점성대'라고 부르기도 했어요.
첨성대는 신라 때에도 천문 과학 기술이 발달했다는 것을 보여 주어요.

힘든 일은 모두 백성들의 몫

군인도, 세금 내는 사람도 백성
귀족들의 화려한 생활에 비해서 백성들의 살림은 넉넉하지 못했어요. 농사를 지으면 많은 세금을 나라에 내야 했어요. 길쌈한 베를 나라에 내고 마을에 따라서 특산물을 바쳐야 했지요. 성 쌓고 궁궐 짓는 나라의 공사도 백성들이 했어요. 열다섯 살부터 쉰아홉 살까지 남자들은 차례로 군대에 나갔어요.

소 몰고 농사를 짓는 백성
신라의 백성들은 거의 농사를 지었어요. 쇠로 만든 철제 농기구가 많아져서 땅을 깊이 팔 수 있고 부러지지도 않아 오래 쓸 수 있었어요. 또 소를 이용해 논밭을 가는 우경법이 알려져서 수확도 많아졌어요. 벼농사를 많이 지었지만 쌀은 거의 귀족들의 차지였어요. 백성들은 쌀밥을 먹을 수 없었지요.

잡곡밥 먹고 베옷 입고
백성들은 보리, 조, 콩, 수수 같은 잡곡을 먹었어요. 채소를 소금에 절인 김치와 된장, 간장 들을 담가 먹기도 했지요. 주로 초가집에서 살았으며 옷은 거친 베로 만들어 입었어요. 활동하기 편하게 남자는 소박한 바지, 여자는 주름치마를 입었어요.

길쌈 내기에서 시작한 추석
신라 사람들에게는 길쌈이 아주 중요했어요. 해마다 음력 7월 16일부터 한 달 동안 여자들이 두 편으로 나뉘어 밤낮으로 길쌈 내기를 했어요. 8월 한가위가 되면 진 편이 이긴 편에게 음식을 대접했지요. 이것을 '가배'라고 하는데 이런 풍습이 지금의 추석이 되었어요.

신라 때도 김유신과 김춘추는 축국을 했다

〈삼국사기〉나 〈삼국유사〉를 살펴보면 김유신과 김춘추가 '축국'을 했다는 이야기가 나와요. 두 사람이 축국을 하다 김춘추의 옷끈이 떨어져 이것을 달기 위해 김유신의 동생 문희를 만나게 되고, 이날의 인연으로 문희는 김춘추의 아내가 되었다는 이야기이지요. 신라 귀족들은 지금의 축구와 비슷한 '축국'을 즐겼다는 것을 알 수 있어요. 가죽 주머니에 겨나 동물의 털을 넣은 공을 차는 놀이였어요.

군자의 나라 신라, 세계로 나아가다

신라는 당나라뿐 아니라 멀리 서역, 바다 건너 일본과 물건을 사고팔고, 문화를 주고받았어요.
신라는 밖에서 배운 문화를 신라만의 문화로 발전시켜 학문과 예술을 꽃피웠어요.

당나라를 놀라게 한 신라 유학생

신라는 당나라에 많은 유학생들을 보냈어요. 스님들은 불교를 연구하고 유학자들은 새로운 학문을 공부하고 돌아와 신라에 전했어요. 최치원, 김운경 같은 사람은 당나라의 과거에 합격해 실력을 뽐냈어요. 최치원은 당나라에서도 뛰어난 문장가로 이름이 높았어요. 그래서 당나라에서는 신라를 '군자의 나라'라고 불렀어요.

한자를 빌려 우리말을 쓴 이두와 신라만의 노래, 향가

신라 사람들은 한자만으로는 우리말을 표현하기 불편하자, 신라만의 독특한 글, '이두'를 만들었어요. 이두는 조선 때까지도 한자와 섞여 쓰였어요. 신라만의 노래 '향가'도 있어요. 선화 공주와 서동의 이야기를 담은 '서동요'가 바로 향가예요. '도솔가', '제망매가', '헌화가', '찬기파랑가'라는 향가도 있어요.

우륵의 가야금, 백결의 거문고

신라의 토우나 항아리에 새겨진 모습으로 신라에 다양한 악기가 있었다는 걸 알 수 있어요. 가야에서 만들어진 가야금은 우륵이 신라에 전했어요. 우륵은 왕의 명령을 받아 곡을 만들고 가야금을 가르쳤어요. 거문고를 잘 타는 백결 같은 뛰어난 음악가도 있었어요. 설날에도 떡방아를 찧을 수 없게 가난했던 백결은 거문고로 방아 찧는 노래를 만들어 아내를 달랬다고 해요.

국학에서 공부한 뛰어난 인재들

신문왕 때 유교를 배우는 국학이라는 학교를 세웠어요. 학생들은 글을 읽고 시험을 쳐서 세 등급으로 나누어 벼슬이 정해졌는데 이것이 독서삼품과예요. 국학에서는 수학 교육도 했다고 전해져요. 신라에는 의학 교육 기관도 있어 의학박사들이 중국의 의서들을 가르쳤어요. 삼국 통일 뒤에는 인도, 서역 의학도 공부해 신라만의 의학으로 발전시켰어요.

수학과 과학이 빚어낸 예술, 석굴암

신라의 뛰어난 과학 기술은 곳곳에 남아 있어요. 긴 세월 물이 썩지 않는 월지, 신비한 소리의 성덕 대왕 신종, 거대한 황룡사 9층 목탑 등 셀 수 없지요. 무엇보다 석굴암은 신라 사람들의 기술과 과학이 빛나는 예술이에요.

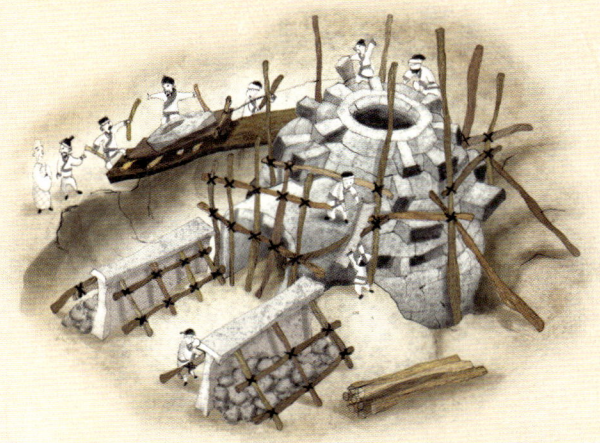

쪼고 다듬고 쌓아서 만든 석굴

경덕왕은 재상 김대성에게 신라의 발전과 안정을 빌기 위해 석굴암을 짓게 했어요. 동해 바다를 바라보는 토함산에 신라 최고의 장인들을 모아서 석굴을 만들었어요. 인도나 중국에 있는 석굴은 자연 동굴에 만들었지만 석굴암은 단단한 화강암을 쪼고 다듬고 쌓아 사람의 손으로 만들었어요.

수학적 계산이 만든 아름다움

석굴암의 모양새와 불상의 위치는 정확한 계산을 바탕으로 만들었어요. 정사각형, 정삼각형, 원형의 조화와 가장 아름답게 보인다는 황금비 등이 어우러져 최고의 석굴과 부처상을 만들어 냈지요. 또한 앞쪽의 네모 구조와 불상이 있는 곳의 둥근 구조는, 땅은 네모나고 하늘은 둥글다는 우주를 담았어요. 국보 제24호이자 유네스코 세계유산답지요.

튼튼하면서 웅장한 돌 천장

석굴암처럼 둥근 천장을 무거운 돌로 만든 예는 세계적으로 없어요. 꼼꼼한 설계와 과학 지식이 없으면 해낼 수 없는 일이에요. 중간에 세로로 돌을 끼워 넣은 기술은 아름다우면서도 튼튼한 천장을 만들어 냈지요. 또한 습기를 조절하고 바람이 잘 통하도록 만들어 오랜 세월 동안 돌이 부스러지지 않게 만든 기술은 놀랍기까지 해요.

동쪽을 바라보며 앉은 살아 있는 돌부처

석굴암의 돌부처는 동짓날 해가 뜨는 방향을 향해 앉아 있어요. 신라 사람들이 정확하게 시간을 측정하는 능력이 있었다는 뜻이지요. 동해를 바라보며 앉아 있는 돌부처와 둘러선 보살들은 마치 사람의 피부처럼 잘 다듬어져 금방이라도 살아날 듯해요.

바다 위에 떠 있는 통일 대왕의 꿈

경주의 동쪽, 동해 바다에 있는 봉길리 해수욕장은 아주 특별한 곳이에요.
해변에서 약 200미터쯤 떨어진 곳에 있는 대왕암이라는 바위 때문이지요.
대왕암은 삼국 통일을 이룩한 문무 대왕의 무덤이에요. 왕의 무덤을 바다에 만든 것은
전 세계에서도 찾아볼 수 없다고 해요.

바다에서 신라를 지키리라

문무왕은 태종 무열왕 김춘추와 김유신의 누이 문희(문명 왕후)의 아들이에요. 삼국 통일을 이룩한 문무왕은 죽어서도 나라를 지키려고 바다에 무덤을 만들어 달라고 했어요. 이것이 대왕암이에요. 대왕암을 하늘에서 보면 가운데가 패어 있고 큰 돌이 있어요. 아마 문무왕을 화장하여 여기에 장사를 지냈을 거라고 짐작해요.

감사하는 마음을 담은 감은사

문무왕은 동해 바닷가에 절을 짓고 불교의 힘으로 왜구를 물리치려고 했어요. 하지만 문무왕은 절이 완성되기 전에 죽었어요. 아들 신문왕이 절을 다 짓고 아버지에게 감사하는 마음을 담아 '감은사'라고 이름을 지었어요. 금당 아래까지 바닷물이 들어오게 했는데 죽어서 바다의 용이 된 아버지가 오가게 하기 위해서였다고 해요. 지금은 국보 제112호인 삼층 석탑 두 개만 남아 있어요.

나라의 근심을 사라지게 하는 신비한 피리

신문왕 때, 동해 바다에 작은 산이 떠서 감은사로 왔어요. 하늘을 보고 운명을 가늠하던 신하가 아뢰기를, 바다의 용이 된 문무왕과 하늘의 신이 된 김유신이 나라를 지킬 보배를 주려 한다고 했어요. 신문왕이 나가 보니 정말 산이 떠 있고 그 위에 대나무가 있었어요. 이 대나무로 피리를 만들고, 피리를 불면 거센 물결을 잠들게 하듯이 나라의 근심이 사라진다는 뜻으로 '만파식적'이라고 했어요.

죽어서 바다의 용이 된 문무 대왕

문무 대왕은 아버지 태종 무열왕의 뜻을 이어받아 직접 전쟁터에 나가 삼국 통일을 이룩했어요. 문무 대왕은 죽어서까지도 "바다의 용이 되어 신라를 지킬 것이다."라고 했어요. 아들 신문왕은 아버지의 뜻을 받들어 동해 바다에 문무 대왕의 무덤, 대왕암을 만들었어요.

바닷길을 통한 무역이 꽃을 피우다

신라가 삼국을 통일하고 중국 쪽으로 바닷길이 열리면서 신라는 많은 나라와 무역을 했어요.
당나라와 무역을 하고 일본에 문화를 전해 주었어요. 장보고는 바닷길로 오가며 해상 왕국을 이루었어요.

당나라에 있던 신라 마을
신라는 정교한 기술로 만든 세공품이나 인삼을 수출하고 당나라에서 고급 비단과 옷, 책, 공예품을 들여왔어요. 당나라에 신라 마을 신라방, 신라관이 생길 정도로 당나라와 무역이 활발했어요.

해상 왕국을 이룩한 장보고
당나라에서 돌아온 장보고는 해적들을 물리쳐 신라의 바다를 평화롭게 만들었어요. 장보고는 완도에 청해진을 설치하고 당나라와 일본을 오가며 무역을 했어요. 신라, 당나라, 일본, 세 나라를 잇는 삼각 무역으로 해상 왕국을 이룩하고 무역왕이 되었어요.

일본에서 인기 있던 신라의 놋그릇
신라는 배 만드는 기술과 저수지 만드는 기술을 일본에 알려 주었다고 해요. 정교하고 아름다운 신라의 물건도 일본에서 큰 인기였지요. '신라 칼'이라고 불리던 수출품이나 금빛을 내는 놋그릇은 일본 사람들이 아주 탐을 내는 물건이었어요.

울산항으로 온 아라비아 상인
아라비아 상인들도 울산항을 통해서 보석, 모직물, 향료 등 진기한 물건들을 팔러 왔어요. 신라의 유물들을 보면 중앙아시아, 서아시아에서 쓰던 모양의 칼, 유리 제품 들이 있어요. 서역 사람들의 모습을 한 토용과 석상도 있어요.

일본에 불교를 전한 의상과 원효
신라는 일본에도 많은 영향을 미쳤어요. 의상, 원효와 같은 신라의 스님들이 쓴 책이 일본에서 널리 읽혔어요. 특히 원효는 일본에서 무척 존경을 받았어요.

통일 신라의 북쪽 나라, 발해

신라가 삼국을 통일했지만 옛 고구려의 넓은 땅은 당나라가 차지했어요. 그러나 옛 고구려 땅에 살고 있던 고구려 사람들이 당나라의 세력을 몰아내고 새로운 나라를 세웠어요. 바로 발해예요. 이로써 한반도 남쪽에는 신라, 북쪽에는 발해가 자리했어요.

발해를 세운 고구려의 후손, 대조영

고구려의 장군이었던 대조영은 이리저리 떠돌던 고구려 백성들을 모으고, 말갈 사람들까지 모아 당나라와 싸워 나라를 세웠어요. 남만주의 동모산 기슭(지금의 길림성 부근)에 도읍을 잡고 나라 이름을 진국(뒤에 발해)이라고 했어요. 대조영에 이은 발해의 왕들은 영토를 계속 넓혀 고구려의 옛 땅을 되찾았어요.

제도를 정비하고 발전하는 발해

발해는 강한 힘을 가진 왕을 중심으로 제도를 정비하며 나날이 발전했어요. 중앙에 선조성, 중대성, 정당성이라는 3성과 정당성 아래 6부를 두었어요. 조선의 이조, 호조, 예조, 병조, 형조, 공조와 다르게 발해의 6부는 유교의 중요한 덕목을 따라 '충부, 인부, 의부, 지부, 예부, 신부'라고 불렀어요. 발해는 지방 제도도 잘 갖추었어요.

동쪽의 융성한 나라, 해동성국

발해가 강해지면서 당나라도 발해를 인정하고 신라의 사신도 발해를 오갔어요. 활발한 무역과 문화 교류를 하게 되었지요. 당나라에 간 유학생은 당나라의 과거 시험에서 신라 유학생들과 일등을 다툴 정도였어요. 발해는 동쪽의 융성한 나라라는 뜻으로 '해동성국'이라고 불리는 큰 나라가 되었어요. 일본은 발해를 고구려를 이은 나라로 여겼어요.

강한 나라들을 물리치고 삼국 통일을 이룩하다

고구려는 수나라, 당나라의 침입을 물리친 강한 나라였어요. 백제는 문화가 발달한 큰 나라였지요. 신라는 강한 두 나라를 물리치고 삼국 통일을 이룩했어요.

북쪽을 막아 준 강한 고구려

중국 땅을 통일한 수나라는 고구려까지 넘봤어요. 백만이 넘는 군대가 쳐들어왔지만 을지문덕 장군이 살수 대첩에서 물리쳤지요. 뒤를 이은 당나라가 또 고구려를 엿보았어요. 고구려는 천리 장성을 쌓고 안시성 전투에서 당나라를 물리쳤어요. 이처럼 고구려는 한반도를 중국의 침략에서 지켜 냈어요.

단짝 김춘추와 김유신에게 무릎 꿇은 백제

고구려가 당나라와 싸우는 동안 백제는 신라를 자주 공격했어요. 김춘추는 위태로운 신라를 구하기 위해 당나라의 힘을 빌렸어요. 신라와 당나라는 백제를 공격했어요. 백제의 계백이 황산벌 전투에서 김유신에게 패하여 백제는 멸망했어요. 김춘추는 밖에서 힘을 빌리고, 김유신은 큰 싸움을 이기고, 단짝 두 사람은 통일을 향해 한 발 한 발 나아갔어요.

밖에서도 안에서도 흔들리는 고구려

수나라와 당나라를 막아 내느라 힘을 다 쓴 고구려는 약해졌어요. 게다가 고구려를 이끌던 연개소문이 죽자 신하들이 권력을 차지하려고 싸우는 바람에 나라는 흔들렸어요. 이때 신라와 당나라가 공격하자 고구려도 무너지고 말았어요.

당나라의 욕심을 몰아낸 신라

백제와 고구려를 물리치고 나자 당나라는 한반도를 모두 차지하려는 욕심을 드러냈어요. 약속을 어기고 고구려와 백제 땅에 군대를 두고, 신라도 간섭하려고 들었어요. 신라는 당나라와도 싸워 물리쳤어요. 비로소 신라는 삼국 통일을 이룩하게 되었지요.

삼국 통일의 힘이 된 화랑과 다섯 계율

화랑은 신라가 삼국 통일을 이룩하는 데 큰 힘이 되었어요. 청소년들을 화랑으로 뽑아 몸과 마음을 다지게 했지요. 특히 세속 오계를 지켰어요. '충성으로 나라를 섬긴다, 효로서 어버이를 섬긴다, 믿음으로 벗을 사귄다, 싸움에 임하면 물러나지 않는다, 살아 있는 것을 함부로 죽이지 않는다.'는 정신이에요. 화랑 가운데 훌륭한 인물이 많이 나왔어요.

불교 나라의 보물 창고, 불국사

불국사는 석굴암과 함께 유네스코가 지정한 세계 유산이에요.
특히 불국사에는 신라 불교 유물들이 많아요. 국보 제20호 경주 불국사 다보탑,
국보 제21호 경주 불국사 삼층 석탑(석가탑)을 비롯하여 연화교, 칠보교와 청운교, 백운교도 국보예요.
비로전에 있는 금동비로자나불좌상, 극락전에 자리한 금동아미타여래좌상 역시 국보이지요.
불국사는 그야말로 우리나라 국보의 보물 창고예요.

신라 불교 예술을 담아낸 불국사

신라 사람들은 토함산이 나라를 지켜 주는 신성한 산이라고 여겼어요. 법흥왕 때 지은 작은 절이 토함산에 있었는데, 경덕왕 때 재상 김대성이 석굴암과 더불어 불국사를 더 크게 지었어요. 임진왜란 때 왜군들이 불태워 버려 지금의 건물들은 훗날 다시 지어졌어요. 불국사는 부처의 나라를 신라 땅에 세워 신라의 안녕과 소원을 이루고자 했던 마음이 담겨 있어요.

나란히 하늘을 받치고 선 다보탑과 석가탑

불국사에 들어서면 가장 먼저 다보탑과 석가탑을 만나요. 통일 신라 때 지은 많은 절에는 거의 똑같은 모양의 탑이 두 개 서 있어요. 그런데 불국사에는 전혀 다른 형식의 다보탑과 석가탑이 있어요.

신라 탑의 대표, 석가탑

3층으로 된 석가탑은 다보탑에 비해 아주 단순한 모습이에요. 그러나 씩씩하고 웅장한 힘을 느낄 수 있어요. 신라 탑들의 대표적인 형식이에요. 탑을 중심으로 땅에 연꽃을 조각한 돌이 여덟 개가 있는 것이 특별해요. 이것은 깨끗한 땅을 구별해 주는 표시예요.

창의적이고 독특한 다보탑

다보탑은 신라의 다른 석탑들과 전혀 달라요. 4각형 기단 네 면에 계단을 두고 가운데에 4각형 돌기둥을 세웠지요. 그 위로 8각 난간과 지붕이 있어요. 4각, 8각, 원을 탑 하나에서 어우러지게 쓰면서 불교의 세계를 잘 담았어요. 다보탑은 신라에서도, 세계에서도 보기 드문 창의적 모양의 탑이지요.

세계에서 가장 오래된 목판 인쇄물, 〈무구정광대다라니경〉

석가탑을 수리하기 위해서 해체했을 때 안에서 여러 가지 유물들이 나왔어요. 그 가운데 〈무구정광대다라니경〉은 모두를 놀라게 했어요. 불교의 세계를 한 자 한 자 나무에 새겨서 인쇄한 목판 인쇄물이었어요. 〈무구정광대다라니경〉은 세계에서 가장 오래된 목판 인쇄물로 우리나라 인쇄 기술의 높은 수준을 자랑해요.

사람 세상에서 부처의 나라로 가는 불국사

불국사로 들어가려면 높이 솟은 다리를 올라가야 해요.
신라 사람들은 이 다리를 어지러운 사람의 세상에서 거룩한 부처의 세상으로 가기 위한
다리라고 여겼어요. 청운교와 백운교를 지나 자하문을 통하면 석가모니에게 다가가고,
계단마다 연꽃무늬가 새겨진 연화교와 칠보교를 올라가면 안양문을 통해
아미타여래의 세계로 들어가지요.

고구려의 불교를 이은 발해

발해에서 불교는 나라의 종교로 크게 발달했어요. 특히 발해의 불상은 고구려의 불상 모습을 이었어요. 흙을 구워 만든 불상이나 둘이 나란히 앉아 있는 부처들이지요. 연꽃무늬가 새겨진 기와는 고구려의 영향으로 소박하면서도 힘차요. 고스란히 남아 있는 석등은 아름다운 발해 미술의 대표로 꼽히는 유물이에요.

발해만의 독특한 그릇 만드는 기술

발해는 당나라, 신라, 거란, 일본과 무역을 했어요. 당나라에서는 발해관을 둘 정도였고, 일본과는 한 번에 수백 명이 오가는 무역을 했어요. 사냥이 활발했던 발해에서는 동물을 잡아 모피, 인삼, 사향 들을 수출했어요. 특히 발해의 말은 인기가 높았어요. 흙으로 만든 발해의 그릇은 가볍고 빛이 났으며 크기, 모양, 색이 다양해 중요한 수출품이었어요.

밭농사를 짓고 사냥하며 사는 백성들

추운 곳에 살았던 발해 사람들은 온돌과 같은 난방 시설을 두고 따뜻하게 살았어요. 백성들은 사냥을 해 짐승 가죽으로 옷을 해 입었고, 돼지, 말, 소, 양 들을 길렀어요. 밭농사로 보리나 수수 같은 곡식을 길러 먹었어요. 바닷가에 사는 사람들은 물고기를 잡고 해산물을 먹었어요.

정효 공주가 알려 준 뛰어난 발해 문화

안타깝게도 발해의 흔적은 많이 남아 있지 않아요. 그래서 정효 공주의 무덤은 발해를 아는 데 아주 중요한 문화재예요. 발해 문왕의 딸 정효 공주의 무덤에서는 묘비와 함께 도금한 구리 장식품, 흙으로 만든 인형, 질그릇 등 발해의 생활을 보여 주는 유물이 나왔어요. 무덤 벽화에는 12명의 인물이 그려졌는데 발해의 의복을 알 수 있어요.

교과서에 나오는 신라 인물 사전

삼국 통일을 이룩한 장군
김유신 (595~673)

김유신은 금관가야를 세운 김수로왕의 후손이에요. 금관가야가 멸망하자 신라 사람이 되었어요. 〈삼국유사〉에 보면 김유신은 해, 달, 수성, 금성, 화성, 목성, 토성 등 7개 별의 기운을 받아 태어나서 등에 7개의 별무늬가 있었다고 해요. 열다섯 살 때 화랑이 되어 낭도들을 이끌었어요. 태종 무열왕 김춘추와 함께 삼국 통일의 발판을 만들었어요. 전쟁터에 나가 백제를 멸망시켰고 고구려를 멸망시키는 데에도 큰 공을 세워 삼국 통일을 이룩했어요.

여행기, 왕오천축국전
혜초 (704~787)

혜초는 불교가 처음 생겨난 인도로 불교를 공부하러 갔어요. 만 4년 동안 인도를 여행하고, 아프가니스탄, 중앙아시아까지 돌아보았어요. 이 나라들의 종교와 문화, 풍습 들을 기록한 〈왕오천축국전〉을 썼어요. '천축'은 인도의 옛 이름이고, '왕'은 간다는 뜻으로 '천축의 다섯 나라를 오간 이야기를 담은 책'이라는 뜻이지요. 그때의 생활 풍습과 불교 문화를 볼 수 있는 귀한 자료예요. 지금은 파리 국립 도서관에 보관되어 있어요.

신라에 불교를 세운 순교자
이차돈 (506~527)

이차돈은 일찍부터 불교를 믿었으나 신라에서는 불교를 인정하지 않았어요. 법흥왕도 불교를 받아들이고 싶었지만 신하들의 반대가 심했어요. 이차돈은 목숨을 바쳐서라도 불교를 알리고, 왕의 뜻을 이루게 하고 싶었어요. 이차돈은 부처가 신령하다면 자신의 목을 베었을 때 신비한 일이 일어날 것이라고 했어요. 정말 잘린 목에서 흰 젖 같은 피가 솟아올랐고 하늘에서는 꽃비가 내렸다고 해요. 이를 보고 신하들은 불교를 인정하고 신라 최초의 절도 세웠어요.

신령한 남산에 피어난 신라 불교 예술

신라 사람들은 남산을 부처님이 항상 있는 신령스러운 산이라고 여겼어요.
그래서 수많은 절, 석불, 석탑 들이 산 전체에 퍼져 있으며 고분도 많이 있어요.

남산 불곡 마애여래좌상

남산 탑곡 마애불상군

남산 미륵곡 석조여래좌상

남산 남산동 동·서 삼층 석탑

남산 신선암 마애보살반가상

남산 칠불암 마애불상군

남산 열암곡 마애여래입상

나정

남산신성

포석정

배리 삼릉

경애왕릉

신라의 시작과 끝이 있는 남산

남산 기슭에 나정이 있어요. 신라를 연 박혁거세가 알에서 나온 우물이에요. 또한 신라의 55대 경애왕이 후백제 견훤의 공격에 죽음을 맞이한 포석정도 남산에 있어요. 신라 천 년의 시작과 마지막이 모두 남산에 있지요. 특히 포석정은 돌에 홈을 파 물길을 만들고 남산 계곡에서 물을 끌어들여 흐르게 했어요. 여기에 술잔을 띄우고 시를 지었다고 해요.

한 발 옮길 때마다 만나는 부처와 탑

남산에는 절이나 석불, 석탑과 석등 들이 곳곳에 무척 많아요. 너무 많아서 기록마다 그 숫자가 조금씩 다르지만 발굴된 것만 인용사지, 천관사지, 천룡사지, 창림사지 등 절이 100개가 넘고 석불은 80여 개, 석탑은 약 60여 개, 석등도 20개가 넘는다고 해요. 또한 헌강왕릉, 경애왕릉, 지마왕릉과 경명왕릉, 신덕왕릉, 아달라왕릉이 함께 있는 배리 삼릉이 있고 경주를 지키는 남산신성도 있어요.

셀 수 없이 많은 보물들

남산에 있는 석불이나 석탑 들은 나라의 보물로 정해질 정도로 아름답지요. 돌을 깎아서 만들었지만 마치 나무를 깎은 듯하고, 독특하고 웅장하며, 혹은 다정한 모습을 하고 있지요. 국보와 보물은 탑곡 마애불상군, 큰 바위에 7개의 불상이 조각되어 있는 칠불암 마애불상군, 천룡사지 삼층 석탑 등이 있어요.

남산 삼릉계곡 마애석가여래좌상

남산 용장사곡 삼층 석탑

남산 용장사곡 석조여래좌상

남산 용장사지 마애여래좌상

남산 천룡사지 삼층 석탑

국제 무역 왕, 바다의 신
장보고 (?~846)

장보고의 본디 이름은 궁복으로 '활을 잘 쏘는 사람'이란 뜻이에요. 어려서부터 무예가 뛰어나고 물에 익숙했어요. 청년이 되고 당나라로 가 군인이 되었어요. 그때 당나라가 아라비아, 페르시아와 교역하는 모습을 보고 해상 무역에 뜻을 두었어요. 또한 신라 사람들이 해적에게 잡혀 노비로 팔리는 것을 보고 크게 분노했어요. 신라에 돌아와 청해진을 설치하여 해적들을 없애고 당나라, 신라, 일본을 잇는 국제 무역왕이 되었어요. 나라에서는 청해진 대사라는 특별한 벼슬도 내렸어요.

당나라를 놀라게 한 문장가
최치원 (857~?)

최치원은 열두 살 어린 나이에 당나라로 유학을 떠났어요. 최치원은 7년 만에 과거에 합격하여 당나라의 관리가 되었어요. 관리를 하는 동안 황소라는 사람이 난을 일으켰어요. 최치원이 이를 치기 위한 글 '토황소격문'을 지었는데 매우 훌륭하여 당나라에 이름을 떨쳤어요. 신라에 돌아와 벼슬을 하면서 나라를 개혁하는 '시무10조'라는 글을 올렸어요. 하지만 이미 기운 신라는 개혁을 할 수가 없었어요. 실망한 최치원은 벼슬을 버리고 떠돌면서 학문에 남은 생을 바쳤어요.

백성에게 불교를 가르친 승려
원효 (617~686)

원효는 열다섯 살쯤에 스님이 되었어요. 마흔 살이 넘어서 당나라로 공부를 하러 가는 도중에 해골에 고인 물을 마시고, 모든 것은 마음에서 일어나지 밖에서 찾을 것이 아니라는 큰 깨달음을 얻었어요. 다시 신라로 돌아와 누구나 부처와 같은 마음을 가지면 부처가 될 수 있다고 가르쳤어요. 왕실과 귀족만 누리던 불교를 백성들에게도 널리 알렸어요. 불교 경전도 연구하여 약 100종 240여 권이 넘는 책을 썼어요.